Ricky Roogle

Passwort Logbuch

für Am@ng.us Fans

- Das Passwortbuch -

DIESES BUCH GEHÖRT
NAME, VORNAME:
STRASSE / NR.:
PLZ / ORT:
TELE / HANDY:
EMAIL.:
BEMERKUNG.:

Bibliografische Information der Deutschen Nationalbibliothek:
Die Deutsche Nationalbibliothek verzeichnet diese Publikation in der Deutschen Nationalbibliografie; detaillierte bibliografische Daten sind im Internet über http://dnb.dnb.de abrufbar.

Kontakt Autor: ricky.roogle@t-online.de

Herstellung und Verlag: BoD – Books on Demand, Norderstedt
ISBN: 9783752641981

Titel:

Internetseite:

AF598116

Login / Benutzer:

Passwort /PIN:

Notizen / Sicherheitsfrage / Hinweis:

Titel:

Internetseite:

Login / Benutzer:

Passwort /PIN:

Notizen / Sicherheitsfrage / Hinweis:

Titel:

Internetseite:

Login / Benutzer:

Passwort /PIN:

Notizen / Sicherheitsfrage / Hinweis:

Titel:
Internetseite:
Login / Benutzer:
Passwort /PIN:
Notizen / Sicherheitsfrage / Hinweis:

Titel:
Internetseite:
Login / Benutzer:
Passwort /PIN:
Notizen / Sicherheitsfrage / Hinweis:

Titel:
Internetseite:
Login / Benutzer:
Passwort /PIN:
Notizen / Sicherheitsfrage / Hinweis:

TITEL:
INTERNETSEITE:
LOGIN / BENUTZER:
PASSWORT /PIN:
NOTIZEN / SICHERHEITSFRAGE / HINWEIS:

TITEL:
INTERNETSEITE:
LOGIN / BENUTZER:
PASSWORT /PIN:
NOTIZEN / SICHERHEITSFRAGE / HINWEIS:

TITEL:
INTERNETSEITE:
LOGIN / BENUTZER:
PASSWORT /PIN:
NOTIZEN / SICHERHEITSFRAGE / HINWEIS:

Titel:
Internetseite:
Login / Benutzer:
Passwort /PIN:
Notizen / Sicherheitsfrage / Hinweis:

Titel:
Internetseite:
Login / Benutzer:
Passwort /PIN:
Notizen / Sicherheitsfrage / Hinweis:

Titel:
Internetseite:
Login / Benutzer:
Passwort /PIN:
Notizen / Sicherheitsfrage / Hinweis:

TITEL:
INTERNETSEITE:
LOGIN / BENUTZER:
PASSWORT /PIN:
NOTIZEN / SICHERHEITSFRAGE / HINWEIS:

TITEL:
INTERNETSEITE:
LOGIN / BENUTZER:
PASSWORT /PIN:
NOTIZEN / SICHERHEITSFRAGE / HINWEIS:

TITEL:
INTERNETSEITE:
LOGIN / BENUTZER:
PASSWORT /PIN:
NOTIZEN / SICHERHEITSFRAGE / HINWEIS:

Titel:
Internetseite:
Login / Benutzer:
Passwort /PIN:
Notizen / Sicherheitsfrage / Hinweis:

Titel:
Internetseite:
Login / Benutzer:
Passwort /PIN:
Notizen / Sicherheitsfrage / Hinweis:

Titel:
Internetseite:
Login / Benutzer:
Passwort /PIN:
Notizen / Sicherheitsfrage / Hinweis:

TITEL:
INTERNETSEITE:
LOGIN / BENUTZER:
PASSWORT /PIN:
NOTIZEN / SICHERHEITSFRAGE / HINWEIS:

TITEL:
INTERNETSEITE:
LOGIN / BENUTZER:
PASSWORT /PIN:
NOTIZEN / SICHERHEITSFRAGE / HINWEIS:

TITEL:
INTERNETSEITE:
LOGIN / BENUTZER:
PASSWORT /PIN:
NOTIZEN / SICHERHEITSFRAGE / HINWEIS:

Titel:
Internetseite:
Login / Benutzer:
Passwort /PIN:
Notizen / Sicherheitsfrage / Hinweis:

Titel:
Internetseite:
Login / Benutzer:
Passwort /PIN:
Notizen / Sicherheitsfrage / Hinweis:

Titel:
Internetseite:
Login / Benutzer:
Passwort /PIN:
Notizen / Sicherheitsfrage / Hinweis:

TITEL:
INTERNETSEITE:
LOGIN / BENUTZER:
PASSWORT /PIN:
NOTIZEN / SICHERHEITSFRAGE / HINWEIS:

TITEL:
INTERNETSEITE:
LOGIN / BENUTZER:
PASSWORT /PIN:
NOTIZEN / SICHERHEITSFRAGE / HINWEIS:

TITEL:
INTERNETSEITE:
LOGIN / BENUTZER:
PASSWORT /PIN:
NOTIZEN / SICHERHEITSFRAGE / HINWEIS:

Titel:
Internetseite:
Login / Benutzer:
Passwort /PIN:
Notizen / Sicherheitsfrage / Hinweis:

Titel:
Internetseite:
Login / Benutzer:
Passwort /PIN:
Notizen / Sicherheitsfrage / Hinweis:

Titel:
Internetseite:
Login / Benutzer:
Passwort /PIN:
Notizen / Sicherheitsfrage / Hinweis:

Titel:
Internetseite:
Login / Benutzer:
Passwort /PIN:
Notizen / Sicherheitsfrage / Hinweis:

Titel:
Internetseite:
Login / Benutzer:
Passwort /PIN:
Notizen / Sicherheitsfrage / Hinweis:

Titel:
Internetseite:
Login / Benutzer:
Passwort /PIN:
Notizen / Sicherheitsfrage / Hinweis:

Titel:
Internetseite:
Login / Benutzer:
Passwort /PIN:
Notizen / Sicherheitsfrage / Hinweis:

Titel:
Internetseite:
Login / Benutzer:
Passwort /PIN:
Notizen / Sicherheitsfrage / Hinweis:

Titel:
Internetseite:
Login / Benutzer:
Passwort /PIN:
Notizen / Sicherheitsfrage / Hinweis:

Titel:
Internetseite:
Login / Benutzer:
Passwort /PIN:
Notizen / Sicherheitsfrage / Hinweis:

Titel:
Internetseite:
Login / Benutzer:
Passwort /PIN:
Notizen / Sicherheitsfrage / Hinweis:

Titel:
Internetseite:
Login / Benutzer:
Passwort /PIN:
Notizen / Sicherheitsfrage / Hinweis:

Titel:
Internetseite:
Login / Benutzer:
Passwort /PIN:
Notizen / Sicherheitsfrage / Hinweis:

Titel:
Internetseite:
Login / Benutzer:
Passwort /PIN:
Notizen / Sicherheitsfrage / Hinweis:

Titel:
Internetseite:
Login / Benutzer:
Passwort /PIN:
Notizen / Sicherheitsfrage / Hinweis:

Titel:
Internetseite:
Login / Benutzer:
Passwort /PIN:
Notizen / Sicherheitsfrage / Hinweis:

Titel:
Internetseite:
Login / Benutzer:
Passwort /PIN:
Notizen / Sicherheitsfrage / Hinweis:

Titel:
Internetseite:
Login / Benutzer:
Passwort /PIN:
Notizen / Sicherheitsfrage / Hinweis:

Titel:
Internetseite:
Login / Benutzer:
Passwort /PIN:
Notizen / Sicherheitsfrage / Hinweis:

Titel:
Internetseite:
Login / Benutzer:
Passwort /PIN:
Notizen / Sicherheitsfrage / Hinweis:

Titel:
Internetseite:
Login / Benutzer:
Passwort /PIN:
Notizen / Sicherheitsfrage / Hinweis:

Titel:
Internetseite:
Login / Benutzer:
Passwort /PIN:
Notizen / Sicherheitsfrage / Hinweis:

Titel:
Internetseite:
Login / Benutzer:
Passwort /PIN:
Notizen / Sicherheitsfrage / Hinweis:

Titel:
Internetseite:
Login / Benutzer:
Passwort /PIN:
Notizen / Sicherheitsfrage / Hinweis:

Titel:
Internetseite:
Login / Benutzer:
Passwort /PIN:
Notizen / Sicherheitsfrage / Hinweis:

Titel:
Internetseite:
Login / Benutzer:
Passwort /PIN:
Notizen / Sicherheitsfrage / Hinweis:

Titel:
Internetseite:
Login / Benutzer:
Passwort /PIN:
Notizen / Sicherheitsfrage / Hinweis:

TITEL:
INTERNETSEITE:
LOGIN / BENUTZER:
PASSWORT /PIN:
NOTIZEN / SICHERHEITSFRAGE / HINWEIS:

TITEL:
INTERNETSEITE:
LOGIN / BENUTZER:
PASSWORT /PIN:
NOTIZEN / SICHERHEITSFRAGE / HINWEIS:

TITEL:
INTERNETSEITE:
LOGIN / BENUTZER:
PASSWORT /PIN:
NOTIZEN / SICHERHEITSFRAGE / HINWEIS:

TITEL:
INTERNETSEITE:
LOGIN / BENUTZER:
PASSWORT /PIN:
NOTIZEN / SICHERHEITSFRAGE / HINWEIS:

TITEL:
INTERNETSEITE:
LOGIN / BENUTZER:
PASSWORT /PIN:
NOTIZEN / SICHERHEITSFRAGE / HINWEIS:

TITEL:
INTERNETSEITE:
LOGIN / BENUTZER:
PASSWORT /PIN:
NOTIZEN / SICHERHEITSFRAGE / HINWEIS:

Titel:
Internetseite:
Login / Benutzer:
Passwort /PIN:
Notizen / Sicherheitsfrage / Hinweis:

Titel:
Internetseite:
Login / Benutzer:
Passwort /PIN:
Notizen / Sicherheitsfrage / Hinweis:

Titel:
Internetseite:
Login / Benutzer:
Passwort /PIN:
Notizen / Sicherheitsfrage / Hinweis:

TITEL:
INTERNETSEITE:
LOGIN / BENUTZER:
PASSWORT /PIN:
NOTIZEN / SICHERHEITSFRAGE / HINWEIS:

TITEL:
INTERNETSEITE:
LOGIN / BENUTZER:
PASSWORT /PIN:
NOTIZEN / SICHERHEITSFRAGE / HINWEIS:

TITEL:
INTERNETSEITE:
LOGIN / BENUTZER:
PASSWORT /PIN:
NOTIZEN / SICHERHEITSFRAGE / HINWEIS:

TITEL:
INTERNETSEITE:
LOGIN / BENUTZER:
PASSWORT /PIN:
NOTIZEN / SICHERHEITSFRAGE / HINWEIS:

TITEL:
INTERNETSEITE:
LOGIN / BENUTZER:
PASSWORT /PIN:
NOTIZEN / SICHERHEITSFRAGE / HINWEIS:

TITEL:
INTERNETSEITE:
LOGIN / BENUTZER:
PASSWORT /PIN:
NOTIZEN / SICHERHEITSFRAGE / HINWEIS:

TITEL:
INTERNETSEITE:
LOGIN / BENUTZER:
PASSWORT /PIN:
NOTIZEN / SICHERHEITSFRAGE / HINWEIS:

TITEL:
INTERNETSEITE:
LOGIN / BENUTZER:
PASSWORT /PIN:
NOTIZEN / SICHERHEITSFRAGE / HINWEIS:

TITEL:
INTERNETSEITE:
LOGIN / BENUTZER:
PASSWORT /PIN:
NOTIZEN / SICHERHEITSFRAGE / HINWEIS:

TITEL:
INTERNETSEITE:
LOGIN / BENUTZER:
PASSWORT /PIN:
NOTIZEN / SICHERHEITSFRAGE / HINWEIS:

TITEL:
INTERNETSEITE:
LOGIN / BENUTZER:
PASSWORT /PIN:
NOTIZEN / SICHERHEITSFRAGE / HINWEIS:

TITEL:
INTERNETSEITE:
LOGIN / BENUTZER:
PASSWORT /PIN:
NOTIZEN / SICHERHEITSFRAGE / HINWEIS:

TITEL:
INTERNETSEITE:
LOGIN / BENUTZER:
PASSWORT /PIN:
NOTIZEN / SICHERHEITSFRAGE / HINWEIS:

TITEL:
INTERNETSEITE:
LOGIN / BENUTZER:
PASSWORT /PIN:
NOTIZEN / SICHERHEITSFRAGE / HINWEIS:

TITEL:
INTERNETSEITE:
LOGIN / BENUTZER:
PASSWORT /PIN:
NOTIZEN / SICHERHEITSFRAGE / HINWEIS:

TITEL:
INTERNETSEITE:
LOGIN / BENUTZER:
PASSWORT /PIN:
NOTIZEN / SICHERHEITSFRAGE / HINWEIS:

TITEL:
INTERNETSEITE:
LOGIN / BENUTZER:
PASSWORT /PIN:
NOTIZEN / SICHERHEITSFRAGE / HINWEIS:

TITEL:
INTERNETSEITE:
LOGIN / BENUTZER:
PASSWORT /PIN:
NOTIZEN / SICHERHEITSFRAGE / HINWEIS:

TITEL:
INTERNETSEITE:
LOGIN / BENUTZER:
PASSWORT /PIN:
NOTIZEN / SICHERHEITSFRAGE / HINWEIS:

TITEL:
INTERNETSEITE:
LOGIN / BENUTZER:
PASSWORT /PIN:
NOTIZEN / SICHERHEITSFRAGE / HINWEIS:

TITEL:
INTERNETSEITE:
LOGIN / BENUTZER:
PASSWORT /PIN:
NOTIZEN / SICHERHEITSFRAGE / HINWEIS:

TITEL:
INTERNETSEITE:
LOGIN / BENUTZER:
PASSWORT /PIN:
NOTIZEN / SICHERHEITSFRAGE / HINWEIS:

TITEL:
INTERNETSEITE:
LOGIN / BENUTZER:
PASSWORT /PIN:
NOTIZEN / SICHERHEITSFRAGE / HINWEIS:

TITEL:
INTERNETSEITE:
LOGIN / BENUTZER:
PASSWORT /PIN:
NOTIZEN / SICHERHEITSFRAGE / HINWEIS:

TITEL:
INTERNETSEITE:
LOGIN / BENUTZER:
PASSWORT /PIN:
NOTIZEN / SICHERHEITSFRAGE / HINWEIS:

TITEL:
INTERNETSEITE:
LOGIN / BENUTZER:
PASSWORT /PIN:
NOTIZEN / SICHERHEITSFRAGE / HINWEIS:

TITEL:
INTERNETSEITE:
LOGIN / BENUTZER:
PASSWORT /PIN:
NOTIZEN / SICHERHEITSFRAGE / HINWEIS:

Titel:
Internetseite:
Login / Benutzer:
Passwort /PIN:
Notizen / Sicherheitsfrage / Hinweis:

Titel:
Internetseite:
Login / Benutzer:
Passwort /PIN:
Notizen / Sicherheitsfrage / Hinweis:

Titel:
Internetseite:
Login / Benutzer:
Passwort /PIN:
Notizen / Sicherheitsfrage / Hinweis:

TITEL:
INTERNETSEITE:
LOGIN / BENUTZER:
PASSWORT /PIN:
NOTIZEN / SICHERHEITSFRAGE / HINWEIS:

TITEL:
INTERNETSEITE:
LOGIN / BENUTZER:
PASSWORT /PIN:
NOTIZEN / SICHERHEITSFRAGE / HINWEIS:

TITEL:
INTERNETSEITE:
LOGIN / BENUTZER:
PASSWORT /PIN:
NOTIZEN / SICHERHEITSFRAGE / HINWEIS:

TITEL:
INTERNETSEITE:
LOGIN / BENUTZER:
PASSWORT /PIN:
NOTIZEN / SICHERHEITSFRAGE / HINWEIS:

TITEL:
INTERNETSEITE:
LOGIN / BENUTZER:
PASSWORT /PIN:
NOTIZEN / SICHERHEITSFRAGE / HINWEIS:

TITEL:
INTERNETSEITE:
LOGIN / BENUTZER:
PASSWORT /PIN:
NOTIZEN / SICHERHEITSFRAGE / HINWEIS:

Titel:
Internetseite:
Login / Benutzer:
Passwort /PIN:
Notizen / Sicherheitsfrage / Hinweis:

Titel:
Internetseite:
Login / Benutzer:
Passwort /PIN:
Notizen / Sicherheitsfrage / Hinweis:

Titel:
Internetseite:
Login / Benutzer:
Passwort /PIN:
Notizen / Sicherheitsfrage / Hinweis:

Titel:
Internetseite:
Login / Benutzer:
Passwort /PIN:
Notizen / Sicherheitsfrage / Hinweis:

Titel:
Internetseite:
Login / Benutzer:
Passwort /PIN:
Notizen / Sicherheitsfrage / Hinweis:

Titel:
Internetseite:
Login / Benutzer:
Passwort /PIN:
Notizen / Sicherheitsfrage / Hinweis:

TITEL:
INTERNETSEITE:
LOGIN / BENUTZER:
PASSWORT /PIN:
NOTIZEN / SICHERHEITSFRAGE / HINWEIS:

TITEL:
INTERNETSEITE:
LOGIN / BENUTZER:
PASSWORT /PIN:
NOTIZEN / SICHERHEITSFRAGE / HINWEIS:

TITEL:
INTERNETSEITE:
LOGIN / BENUTZER:
PASSWORT /PIN:
NOTIZEN / SICHERHEITSFRAGE / HINWEIS:

Titel:
Internetseite:
Login / Benutzer:
Passwort /PIN:
Notizen / Sicherheitsfrage / Hinweis:

Titel:
Internetseite:
Login / Benutzer:
Passwort /PIN:
Notizen / Sicherheitsfrage / Hinweis:

Titel:
Internetseite:
Login / Benutzer:
Passwort /PIN:
Notizen / Sicherheitsfrage / Hinweis:

TITEL:
INTERNETSEITE:
LOGIN / BENUTZER:
PASSWORT /PIN:
NOTIZEN / SICHERHEITSFRAGE / HINWEIS:

TITEL:
INTERNETSEITE:
LOGIN / BENUTZER:
PASSWORT /PIN:
NOTIZEN / SICHERHEITSFRAGE / HINWEIS:

TITEL:
INTERNETSEITE:
LOGIN / BENUTZER:
PASSWORT /PIN:
NOTIZEN / SICHERHEITSFRAGE / HINWEIS:

TITEL:
INTERNETSEITE:
LOGIN / BENUTZER:
PASSWORT /PIN:
NOTIZEN / SICHERHEITSFRAGE / HINWEIS:

TITEL:
INTERNETSEITE:
LOGIN / BENUTZER:
PASSWORT /PIN:
NOTIZEN / SICHERHEITSFRAGE / HINWEIS:

TITEL:
INTERNETSEITE:
LOGIN / BENUTZER:
PASSWORT /PIN:
NOTIZEN / SICHERHEITSFRAGE / HINWEIS:

TITEL:
INTERNETSEITE:
LOGIN / BENUTZER:
PASSWORT /PIN:
NOTIZEN / SICHERHEITSFRAGE / HINWEIS:

TITEL:
INTERNETSEITE:
LOGIN / BENUTZER:
PASSWORT /PIN:
NOTIZEN / SICHERHEITSFRAGE / HINWEIS:

TITEL:
INTERNETSEITE:
LOGIN / BENUTZER:
PASSWORT /PIN:
NOTIZEN / SICHERHEITSFRAGE / HINWEIS:

TITEL:
INTERNETSEITE:
LOGIN / BENUTZER:
PASSWORT /PIN:
NOTIZEN / SICHERHEITSFRAGE / HINWEIS:

TITEL:
INTERNETSEITE:
LOGIN / BENUTZER:
PASSWORT /PIN:
NOTIZEN / SICHERHEITSFRAGE / HINWEIS:

TITEL:
INTERNETSEITE:
LOGIN / BENUTZER:
PASSWORT /PIN:
NOTIZEN / SICHERHEITSFRAGE / HINWEIS:

Titel:
Internetseite:
Login / Benutzer:
Passwort /PIN:
Notizen / Sicherheitsfrage / Hinweis:

Titel:
Internetseite:
Login / Benutzer:
Passwort /PIN:
Notizen / Sicherheitsfrage / Hinweis:

Titel:
Internetseite:
Login / Benutzer:
Passwort /PIN:
Notizen / Sicherheitsfrage / Hinweis:

TITEL:
INTERNETSEITE:
LOGIN / BENUTZER:
PASSWORT /PIN:
NOTIZEN / SICHERHEITSFRAGE / HINWEIS:

TITEL:
INTERNETSEITE:
LOGIN / BENUTZER:
PASSWORT /PIN:
NOTIZEN / SICHERHEITSFRAGE / HINWEIS:

TITEL:
INTERNETSEITE:
LOGIN / BENUTZER:
PASSWORT /PIN:
NOTIZEN / SICHERHEITSFRAGE / HINWEIS:

TITEL:
INTERNETSEITE:
LOGIN / BENUTZER:
PASSWORT /PIN:
NOTIZEN / SICHERHEITSFRAGE / HINWEIS:

TITEL:
INTERNETSEITE:
LOGIN / BENUTZER:
PASSWORT /PIN:
NOTIZEN / SICHERHEITSFRAGE / HINWEIS:

TITEL:
INTERNETSEITE:
LOGIN / BENUTZER:
PASSWORT /PIN:
NOTIZEN / SICHERHEITSFRAGE / HINWEIS:

TITEL:
INTERNETSEITE:
LOGIN / BENUTZER:
PASSWORT /PIN:
NOTIZEN / SICHERHEITSFRAGE / HINWEIS:

TITEL:
INTERNETSEITE:
LOGIN / BENUTZER:
PASSWORT /PIN:
NOTIZEN / SICHERHEITSFRAGE / HINWEIS:

TITEL:
INTERNETSEITE:
LOGIN / BENUTZER:
PASSWORT /PIN:
NOTIZEN / SICHERHEITSFRAGE / HINWEIS:

TITEL:
INTERNETSEITE:
LOGIN / BENUTZER:
PASSWORT /PIN:
NOTIZEN / SICHERHEITSFRAGE / HINWEIS:

TITEL:
INTERNETSEITE:
LOGIN / BENUTZER:
PASSWORT /PIN:
NOTIZEN / SICHERHEITSFRAGE / HINWEIS:

TITEL:
INTERNETSEITE:
LOGIN / BENUTZER:
PASSWORT /PIN:
NOTIZEN / SICHERHEITSFRAGE / HINWEIS:

Titel:
Internetseite:
Login / Benutzer:
Passwort /PIN:
Notizen / Sicherheitsfrage / Hinweis:

Titel:
Internetseite:
Login / Benutzer:
Passwort /PIN:
Notizen / Sicherheitsfrage / Hinweis:

Titel:
Internetseite:
Login / Benutzer:
Passwort /PIN:
Notizen / Sicherheitsfrage / Hinweis:

Titel:
Internetseite:
Login / Benutzer:
Passwort /PIN:
Notizen / Sicherheitsfrage / Hinweis:

Titel:
Internetseite:
Login / Benutzer:
Passwort /PIN:
Notizen / Sicherheitsfrage / Hinweis:

Titel:
Internetseite:
Login / Benutzer:
Passwort /PIN:
Notizen / Sicherheitsfrage / Hinweis:

TITEL:
INTERNETSEITE:
LOGIN / BENUTZER:
PASSWORT /PIN:
NOTIZEN / SICHERHEITSFRAGE / HINWEIS:

TITEL:
INTERNETSEITE:
LOGIN / BENUTZER:
PASSWORT /PIN:
NOTIZEN / SICHERHEITSFRAGE / HINWEIS:

TITEL:
INTERNETSEITE:
LOGIN / BENUTZER:
PASSWORT /PIN:
NOTIZEN / SICHERHEITSFRAGE / HINWEIS:

Titel:
Internetseite:
Login / Benutzer:
Passwort /PIN:
Notizen / Sicherheitsfrage / Hinweis:

Titel:
Internetseite:
Login / Benutzer:
Passwort /PIN:
Notizen / Sicherheitsfrage / Hinweis:

Titel:
Internetseite:
Login / Benutzer:
Passwort /PIN:
Notizen / Sicherheitsfrage / Hinweis:

Titel: Email (Privat):
eMail Srrver Typ:
Server (incoming):
Server (outgoing):
Login / benutzer:
Passwort /PIN:

Titel: Email (Beruf):
eMail Srrver Typ:
Server (incoming):
Server (outgoing):
Login / benutzer:
Passwort /PIN:

Titel: Internet Service Provider (ISP) Support
Name ISP:
Internetadresse ISP:
Kundennummer:
Hotline Kundenservice:
Email Kundenservice:
Internetadresse Kundenservice:

Titel: Email (Privat):
eMail Srrver Typ:
Server (incoming):
Server (outgoing):
Login / benutzer:
Passwort /PIN:

Titel: Email (Beruf):
eMail Srrver Typ:
Server (incoming):
Server (outgoing):
Login / benutzer:
Passwort /PIN:

Titel: Internet Service Provider (ISP) Support
Name ISP:
Internetadresse ISP:
Kundennummer:
Hotline Kundenservice:
Email Kundenservice:
Internetadresse Kundenservice:

Titel: breitband Modem	Titel: Einstellungen WLAN
Modell:	Host name:
Serien nr.:	Domain name:
Mac Adresse:	Subnet Mask:
URL/IP Admin:	gateway:
IP WAN:	DNS (Primary):
Login/Benutzer:	DNS (Secondary):
Passwort:	

Titel: Router / Wireless Access Point
Modell:
Serien nummer:
Fabrikeinstellung Admin IP:
Fabrikeinstellung benutzername:
Fabrikeinstellung Passwort:
benutzerdefinierte Admin URL /IP:
Benutzerdefinierter benutzername:
Benutzerdefiniertes Passwort:

Titel: Wireless-LAN
SSID / Name WLAN netzwerk:
Sicherheitstyp:
Verschlüsselungstyp:
Shared key (WPA):
Hinweis (Passphrase WEP):

Titel: breitband Modem	Titel: Einstellungen WLAN
Modell:	Host name:
Serien nr.:	Domain name:
Mac Adresse:	Subnet Mask:
URL/IP Admin:	gateway:
IP WAN:	DNS (Primary):
Login/Benutzer:	DNS (Secondary):
Passwort:	

Titel: Router / Wireless Access Point
Modell:
Serien nummer:
Fabrikeinstellung Admin IP:
Fabrikeinstellung benutzername:
Fabrikeinstellung Passwort:
benutzerdefinierte Admin URL /IP:
Benutzerdefinierter benutzername:
Benutzerdefiniertes Passwort:

Titel: Wireless-LAN
SSID / Name WLAN netzwerk:
Sicherheitstyp:
Verschlüsselungstyp:
Shared key (WPA):
Hinweis (Passphrase WEP):

NOTIZEN:

NOTIZEN:

NOTIZEN:

Das
SUPER
AUSMALBUCH
für Ameng.us Fans

Das
CREWMATES
AUSMALBUCH
für Ameng.us Fans

Das
SUPER
LABYRINTHE
BUCH
für Ameng.us Fans

PASSWORT
LOGBUCH
für Ameng.us Fans

Das
MATHE
AUSMALBUCH
für Ameng.us Fans

WIE MAN
SKINS
ZEICHNET
für Ameng.us Fans

Das
WORTSUCHRÄTSEL
BUCH
für Ameng.us Fans

Das
SUPER
QUIZBUCH
für Ameng.us Fans
QUIZ

CARTOONS
und WITZE
für Ameng.us Fans
WTF!

Notizbuch

Crewmate Notizbuch

Impostor
Notizbuch